順天府志卷之六目録

政事

政事類小言

官惟政設，政惟人備。乘流宣化，郡分邑置。上以體國，下以經野。濟濟文臣，赳赳武衛。職司有專，各無紊序。徭役之制，禄視農差。歷稽古載，代多良吏。遺愛芳踪，仁賢風世。凡屬後塵，咸宜勉勵。志政事類。

歷官

府尹

明

張貫　郭仕道

陳諤　甄儀

王驥　李庸

姜濤　王賢

王福　張諫

閻鐸　李裕

邢簡　黄傑

張玉　張憲

韓重　藺琦

林泮　俞俊

吕獻　李瀚

沈鋭 胡富
李浩 王鼎
楊旦 楊廉
李充嗣 胡韶
童瑞 徐蕃
張璉 王軏
聞淵 萬鏜
陳祥 黎奭
王俊 胡鐸
劉淑相 曹蘭
邵錫 蔣淦
劉杲 楊銓
高擢 胡奎
郭鋆 馬坤
盧紳 馮岳
雷禮 扈永通
高擢 汪宗元
黄懋官 劉養直
劉大實 萬寀
查秉彝 呂時中

王國光 魏尚純
劉鐖 張玭
徐綱 任士憑
李敏 陳紹儒
徐貢元 曹三暘
栗永禄 姚一元
郭朝賓 徐栻
曹金 孫一正
施馬臣 曹科
曾同亨 王之坦
金立敬 施堯臣
朱卿 張國彥
臧惟一 徐元太
沈思孝 王用汲
周繼 石應岳
朱孟震 王體復
謝杰 沈應文
錢藻 田疇
萬自約 孫瑋
許弘綱 吴獻臺

曲遷喬　　袁　奎

王應麐　　李長庚

喬允升　　王舜鼎

陳大道　　沈光祚

沈　演　　董光宏

秦聚奎　　李春懋

劉澤深　　劉宗周

傅淑訓　　劉榮嗣

莊欽鄰　　蔡奕琛

鐘　炌　　李　元

李覺斯　　林棟隆

郭建邦　　宋師襄

張三謨　　張宸極

周堪賡　　郝　晋

王庭梅

國朝

陳培基遼東人，貢生，順治元年任。　　李魯生山東人，進士，順治二年任。

王萬象山東人，進士，順治三年任。　　王一品遼東人，生員，順治四年任。

蔡永年正藍旗人，順治五年任。〔注一〕　　閻　印正黄旗人，順治六年任。

羅會錦鑲紅旗人，順治十三年任。　　王來任正黄旗人，順治十八年任。

〔注一〕「任」，原本爲「年」，據上下文體例改。

劉格 鑲藍旗人，康熙元年任。　甘文焜 正藍旗人，康熙三年任。

李天裕 鑲藍旗人，康熙六年任。　郭廷祚 鑲白旗人，康熙六年任。

紀振疆 鑲紅旗人，康熙十年任。　王守才 鑲黃旗人，康熙十二年任。

馬如驥 鑲藍旗人，康熙十二年任。　魏象樞 山西人，進士，康熙十三年任。

田六善 山西人，進士，康熙十三年五月任。　徐世茂 正黃旗人，康熙十四年正月任。

耿效忠 遼東人，進士，康熙十八年三月任。　宋文運 直隸，進士，康熙十九年五月任。

熊一瀟 江西人，進士，康熙二十年五月任。　張吉午 鑲藍旗人，貢士，康熙二十一年六月任。

府丞

明

甄儀　余謙

李庸　王鐸

蔡錫　王弼

國盛　王福

王普　盧祥

彭信　丁川

徐英　張海

黃傑　畢亨

藺琦　黃寶

王佐　吕獻

趙璜　胡汝礪

沈東魁　楊一英
王翊　張潤
黃鐘　王堯封
張仲賢　唐鳳儀
張嵩　羅輅
張漢　郭登庸
王禎　段麒
姜潤身　張湘
尤魯　景溱
端廷赦　任瀛

竇一桂　王紳
葉鎧　李敏
馬斯臧　趙鎧
梁夢龍　郭汝霖
冀鍊　李邦義
邢守廷　吴時來
顧存仁　何起鳴
宋濂　路王道
傅希摯　劉堯誨
李巳　朱南雍

郭廷梧　趙煥
袁三接　韓必顯
張文熙　劉光國
宋仁　郭東
孫旬　李禎
郭維賢　魏允貞
覃希思　徐申
劉士忠　連標
喬璧星　周盤
崔邦亮　楊光訓

李炳　黄吉士
劉學會　喬允升
董可威　周繼昌
王國禎　劉蔚
畢懋康　邵輔忠
姚士慎　郝名宦
王惟儉　韓范
吕純如　楊廷筠
秦聚奎　劉志選
莫在聲　魏光緒

馬鳴世　霍鍈
張至發　張學周
董羽宸　劉令譽
曠鳴鸞　孫傳庭
仇羅禎　余城
傅鐘秀　梁雲構
郝晋　侯峒會

國朝

張若麒 山東人，進士，順治元年任。　李魯生 山東人，進士，順治元年任。
王萬象 山東人，進士，順治二年任。　趙繼鼎 山東人，進士，順治三年任。
張若麒 山東人，進士，順治五年補任。　薛所蘊 河南人，進士，順治七年任。
魏琯 山東人，進士，順治九年任。　原毓宗 陝西人，進士，順治十一年任。
張瑃 山西人，進士，順治十一年任。　孫建宗 山東人，進士，順治十一年任。
許宸 河南人，進士，順治十二年任。　周召南 鑲藍旗人，生員，順治十三年任。
高辛胤 陝西人，進士，順治十三年任。　晋淑軾 山西人，進士，順治十四年任。
王登聯 鑲紅旗人，貢士，順治十五年任。　劉鴻儒 直隸人，進士，順治十七年任。
上官鉝 山西人，進士，順治十八年任。　高爾位 正黄旗人，貢士，康熙三年任。
姜希轍 浙江人，舉人，康熙十年任。　趙祥星 山西人，進士，康熙十一年任。
戴京會 浙江人，進士，康熙十二年任。　崔官 正白旗人，康熙十二年任。
高爾位 正黄旗人，貢士，康熙十七年任。　張鼎彝 直隸人，進士，康熙十七年任。

榮國祚正黃旗人，康熙十八年任。　催官正白旗人，康熙二十年任。
許登龍陝西人，蔭生，康熙二十年任。　張鵬江南人，進士，康熙二十一年任。〔注一〕
張冲翼陝西人，舉人，康熙二十三年四月任。　房廷禎陝西人，進士，康熙二十三年十二月任。
王維珍鑲藍旗人，進士，康熙二十四年九月任。

治中

明

李鼐　吴遠
于瑁　楊浩
楊承祖　李旼
潘路　徐槩
嚴世藩　李天倫
毛文炳　劉養仕
畢鸞　陳德文
彭宣　王尚友
從字　李孝元
周璣　黄國奎
郭鋐　潘静深
李宋　彭汝成
顧咸和　張孟勇
張德恭　劉巡

〔注一〕「一」，原本漶漫，據光緒《順天府志》補。

〔注一〕「袁」，原本脫文，據光緒《順天府志》補。

蔡迎恩　顧嗣衍

許倓　吳尚樸

張邦伊　傅希孟

傅作霖　郭履準

肅怡韶　郭治統

李茂德　張汝紀

屠本畯　張指南

周尚禮　楊應尾

袁鶚〔注一〕　莊祖詔

劉繼芳　潘舜曆

楊于國

國朝

李果珍　馬迪吉

周攀第順治二年七月任。　蕭琯順治四年六月任。

吳道遇河南彰德安陽人，舉人，順治七年十二月任。　李鴻雷山東濟南常山人，新城籍，舉人，順治十年十月任。

張秉謙延慶衛人，選貢，順治十二年四月任。　張世榮江南人，貢生，順治十五年九月任。

劉董山東人，貢生，順治十七年八月任。　徐秉忠正黃旗人，貢生，康熙二年八月任。

劉浩鑲紅旗人，蔭生，康熙三年二月任。　楊茂祖正白旗人，蔭生，康熙八年八月任。

楊寶胤遼東人，蔭生，康熙九年七月任。　衛台揆山西人，蔭生，康熙十二年四月任。

金祖庚江南人，蔭生，康熙十五年三月任。　許廷弼續順公，蔭生，康熙十九年十二月任。

郭恒 陝西人，進士，康熙二十一年四月任。　佟企聖 山海衛人，廕生，康熙二十二年十二月任。

通判

明

孫琢　郭經

陳肅　李霆

張偉　黃伸

侶璞　洪瑛

韋沆　張通

陳翼　王宗賢

張弁　王瀛

杜萱　林杲

馮鰲　李朝宗

范澤　程淳

張木　鄭淳

張潾　崔子才

黃完　白世卿

何相　張忠弼

夏必賢　黎瞻

劉思信　毛文炳

唐汝承　范賢

周賢　李國紀
張鳴諒　陳德文
林逢春　顧應陽
姜南　張元藩
辛珊　劉燭
陳孟熙　寇陟
王綬　王恒
李華　馬逢乾
尹玉　張遜業
施道　趙以文
顧遠　徐大經
潘忠　丁璋
陳時伸　汪珽
張宗錦　王淑
朱潤身　馬會
王學古　仇炅
趙禮　張治芳
陳策　傅誠
張民範　王佑
徐一正　周寵

孫惟順　及萬祺
邢子嚴　鮑　治
馬自勉　王　峰
胡宗洵　徐庭竹
張平路　唐鶴徵
周弘褕　馬會卿
曹　錀　張問仁
饒大英　蔡　桂
湯　焕　易道源
許夢熊　周汝登

程光裕　楊應尾
吴有爹　譚好善
陳三畏　何　鯉
何天申　張九叙
蕭時鳴　湯師項
吴　勳　陳　緒
孫　延　胡大年
孫　訏　舒應鳳
欒濟衆　張羽鳳
吴承烈　詹　廷

韓逢禧　葉世俟

國朝

劉斯堂　袁于令江南人，貢生，順治元年六月任。

朱師魁　劉孔敏江南人，貢生，順治三年九月任。

李異品　白　芬河南人，舉人，順治五年十二月任。

曹日良山西人，貢生，順治八年五月任。　陳宸箴山東人，貢生，順治十年十二月任。

郭日昌直隸人，舉人，順治十一年十一月任。　賀良弼陝西人，貢生，順治十四年四月任。

閔子奇正白旗人，貢生，順治十五年九月任。　張二典直隸人，蔭生，康熙元年正月任。

顧大申江南人，進士，康熙二年十二月任。　趙啓睿山東人，蔭生，康熙三年十二月任。

馬尚驊陝西人，貢生，康熙六年十月任。　梁碧海河南人，蔭生，康熙七年三月任。

王　瑜陝西人，蔭生，康熙十一年三月任。　孔興詔山東人，蔭生，康熙十三年七月任。

周　鉞福建人，舉人，康熙十九年三月任。　姚士塈江南人，歲貢，康熙二十一年六月任。

推官

明

杜　業　倪湯湯

吴應選　聞道立

周復元　袁應祺

凌雲鵬　曠　驥

郝道行　劉一鵬

張汝元　劉一鵬

龔至道　譚世講
王淑汴　楊應震
孫延洞　米世發

國朝

鄧孕槐　崔志乾推未任
宋璜　張萬選
莊曾明　蔡承恩
羅霈　李如桂

經歷

明

余茂　熊襄
張千之　陳懋
鄭澤　陳詔
卞葯　徐玄成
吴履謙　徐應增
費懋稷　顔持志
張志道　龍從雲
周體信　成汝礪
趙鳳華　王桶
齊敬才　歐榮

鄒鼎元　閻廷楊

趙欽　楊師皐

姚宗幹　鄭本烈

王弘誥　朱長統

朱銑　姚元愷

高向光　張閶

喬堯典

國朝

院德基 浙江人，貢生，順治元年七月任。　紀汝翼 順天文安人，監生，順治元年十月任。

孫學惠 永平灤州人，監生，順治四年十月任。　張國俊 山西人，生員，順治十年四月任。

紀弘謨 遼東人，廕生，康熙二年五月任。　林鎮秦 陝西長安人，吏員，康熙三年十二月任。

莊雲鏞 福建建寧州人，拔貢，康熙十四年七月任。　成瑄 山西平陽吉州鄉寧人，拔貢，康熙十九年七月任。

知事

明

劉謨　葉應奎

侯儒　劉應良

郝珠　張尚儒

陸應禎　曹嘉賓

高雲峰　王全名

許懋松　李士彬

張宗朱　周　麒
賀一謨　余師唐
賀世宴　狄　進
杜冠時　鮑欽祈
曾紹芳　王金紘
黄省忠　王　策
譚世講　沈維堡
王淑汴　章應望
丁流芳　馬斯祚
夏懋學　陳國是
莊學曾　李　晋
許丹葵

國朝

知事裁

照磨

明

趙邦教　羅　棟
劉文潤　王朝宣
郎思齊　李　枕
章　桔　竇如芝

李德性　張九河
高捷　尹起聘
陳朝璋　曹庶學
胡繼先　周之天
楊士謀　陳祖苞
孫延洞　陳鍾衡
王鼎新　敖榮繼
黃庭鵠　陸澄源
金兆奎　王承曾

國朝

丁茂陝西人，貢生，順治二年十二月任。　陳基大興人，生員，順治七年十二月任。
史宗訓浙江人，吏員，順治十一年十二月任。　何之良浙江人，吏員，順治十二年六月任。
張廷孝直隸人，蔭生，康熙元年五月任。　汪湄江南人，吏員，康熙三年十二月任。
詹文運江南人，吏員，康熙九年二月任。　陳嘉謨陝西人，吏員，康熙九年六月任。
劉先芳直隸人，吏員，康熙十六年八月任。　劉恒浙江人，吏員，康熙二十年八月任。
孟洪範直隸人，吏員，康熙二十二年二月任。

檢校

明

阮時霖　張邦輔
汪弘道　王學周

唐庭徵　余元鳳
張世烈　鄭之旦
王紹祖　王晤
許以忠　陳可權
毛呈蔚　何孔修
李廷標　劉鎬
陳比心　何允中
韓遇春　楊樸
黃可傳　林鍾秀
吳允彭

國朝

檢校（裁）

儒學教授

國朝

徐懋賢（江南宜興人，恩貢。）　張鈴（山西人，進士。）
李如榴（遼東人，貢生，順治四年七月任。）　王大成（遼東人，舉人，順治九年六月任。）
張萃（保定人，進士，順治十三年四月任。）　馬聖任（永平人，貢生，順治十六年九月任。）
高鳳彩（浙江人，蔭生，順治十八年十一月任。）　黃忱孝（永平人，舉人，康熙四年十月任。）
陳名世（新安人，舉人，康熙八年四月任。）　趙似祖（唐山人，舉人，康熙十年二月任。）
李九標（宣府人，舉人，康熙十六年五月任。）　邢吉士（盧龍人，舉人，康熙二十二年三月任。）

訓導

國朝

岳國城 曲周人，歲貢。 李載陽 封丘人，歲貢。

張自然 濰縣人，歲貢。 魯讀書 平鄉人，貢生，康熙四年七月任。

李克己 新城人，歲貢，康熙六年十二月任。 高　桂 清宛人，歲貢，康熙十年八月任。

李超俗 真定人，貢生，康熙十四年二月任。 許　琬 高陽人，貢生，康熙十七年五月任。

許岳裔 直隸真定人，貢生，康熙十七年三月任。 張調鼐 直隸大名人，歲貢，康熙二十一年正月任。

武學教授

國朝

沈浣先 江南崑山人，舉人，順治二年任。 劉　澍 北直永清人，進士，順治三年任。

史必遵 山西盂縣人，貢士，順治四年任。 范克誠 湖廣漢陽人，舉人，順治五年任。

史必遵 山西盂縣人，貢士，順治九年任。 張維德 直隸人，舉人，順治十年任。

李時芳 直隸懷安衛人，歲貢，順治十四年任。 馬士龍 山西太原汶水人，生員，康熙三年任。

李時芳 直隸懷安衛人，歲貢，康熙六年任。 湯民貞 江西南豐人，舉人，康熙七年任。

陳明彥 浙江錢塘人，舉人，康熙十年任。 王　岱 湖廣長沙湘潭人，舉人，康熙十六年任。

陳　澍 浙江仁和人，貢生，康熙二十二年任。 霍顯忠 河南汝陽人，舉人，康熙二十三年任。

訓導

國朝

王錫侯 直隸廣宗人，歲貢，康熙十九年任。

庫大使

訓導

國朝

岳國城 曲周人，歲貢。

張自然 濰縣人，歲貢。

李克己 新城人，歲貢，康熙六年十二月任。

李超俗 真定人，貢生，康熙十四年二月任。

許居裔 直隸真定人，貢生，康熙十七年三月任。

李載陽 封丘人，歲貢。

魯讀書 平鄉人，貢生，康熙四年七月任。

高桂 清宛人，歲貢，康熙十年八月任。

許琬 高陽人，貢生，康熙十七年五月任。

張調鼐 直隸大名人，歲貢，康熙二十一年正月任。

武學教授

國朝

沈從先 江南崑山人，舉人，順治二年任。

史必遵 山西盂縣人，貢士，順治四年任。

史必遵 山西盂縣人，貢士，順治九年任。

李時芳 直隸懷安衛人，歲貢，順治十四年任。

李時芳 直隸懷安衛人，歲貢，康熙六年任。

陳明彥 浙江錢塘人，舉人，康熙十年任。

陳衡 浙江仁和人，貢生，康熙二十二年任。

劉衡 北直永清人，進士，順治三年任。

范克誠 湖廣漢陽人，舉人，順治五年任。

張維德 直隸人，舉人，順治十年任。

馬士龍 山西太原汶水人，生員，康熙三年任。

馮民貞 江西南豐人，舉人，康熙七年任。

王佐 湖廣長沙湘潭人，舉人，康熙十六年任。

霍顯忠 河南汝陽人，舉人，康熙二十三年任。

訓導

國朝

王錫侯 直隸廣宗人，歲貢，康熙十九年任。

庫大使

國朝

陸守學浙江人，吏員，順治二年十月任。　孫世芳浙江人，吏員，順治十年十月任。

于治臯直隸人，吏員，順治十四年二月任。　陳天錫浙江人，吏員，順治十五年十二月任。

馬應魁浙江人，吏員，順治十七年八月任。　周寛浙江人，吏員，順治十八年十一月任。

李士華浙江人，吏員，康熙十五年正月任。　陳捷江西人，吏員，康熙十九年七月任。

劉守慧山東人，吏員，康熙二十一年十月任。　榮增采江南人，吏員，康熙二十二年三月任。

司獄

國朝

王應元浙江人，吏員，順治元年十月任。　胡允悌直隸人，吏員，順治十年十月任。

王甡浙江人，吏員，順治十五年六月任。　盧元辰浙江人，吏員，康熙元年十二月任。

高士輝四川人，吏員，康熙六年九月任。　王翟雲江南人，吏員，康熙十三年十二月任。

張可登山東人，吏員，康熙十九年十二月任。　蘇瓛江南人，吏員，康熙二十二年六月任。

孫文德浙江人，吏員，康熙二十三年十一月任。

陰陽學正術

國朝

張惟英順治元年任。

醫學正科

國朝

張光祖康熙五年任。　李尚義康熙二十三年任。

大興縣

知縣

明

羅謙亨　淳于士

王禮　蘇敬民

馬聰　趙孜

林朝　景鑾

王懷衮　曹英

王世光　張曰可

温尚武　崔尚禮

劉如松　吴哲

黄元吉　高世儒

申嘉瑞　胡來縉

王極　沈琪

陳純　王階

王建中　崔謙光

馬運泰　經世文

葉士敦　張我繩

周導直　王橋

周三錫　楊夢熊

李敬思　程道行

徐維藩　馮福謙

饒可久　朱紘

田見龍　唐廷彥

國朝

吴聞詩未任　孫光啓廣西平樂人，舉人，順治元年三月任。

馬廷對雲南河陽人，舉人，順治二年五月任。　黄廷栢遼東海州衛人，生員，順治四年三月任。

朱永昌遼東遼陽曲衛人，貢士，順治五年十月任。　楊朝公遼東遼陽人，貢士，順治七年四月任。

吴一位灤州籍滿洲人，貢士，順治十年閏六月任。　祖植梅未任

崔萬仞遼東人，貢士，順治十三年九月任。　張漢傑遼東遼陽人，貢士，順治十七年八月任。

齊洪勳滿州籍直隸高陽人，進士，康熙元年十一月任。

丘璐山東濟南淄川人，進士，康熙六年閏四月任。

陳正巳陝西西安富平人，舉人，康熙八年九月任。

張紉學江南揚州泰州人，舉人，康熙十年二月任。

張茂節江南淮安沭陽人，拔貢，康熙十二年九月任。

單殳牧山東萊州膠州高密人，拔貢，康熙十五年四月任。

張茂節復任，康熙十九年六月任。

縣丞

明

李綱　張震

孔鐸　張信

王輔 楊錦
周璘 尹彝
王琳 俠盛
張勳 黃綸
靳智 李崐
俠璽 包弘
吳達 邵騰
易廣禮 李安國
覃鑾 王士伸
朱希顏 王仲玠
郝楠 王秉籌
楊輪 王敕
胡嶠 汪輔
程民彥 方大中
王瓊 黃鈁
彭萼祥 彭大亨
堵倬 張才
劉守憲 劉穩
李東巖 張治本
張瓊 韓偉

王汝立　黃天柱

盧茂　張元方

王命賞　林之蘭

陳紹　沈佳

沈自新

國朝

金逢時浙江山陰人，監生，順治元年九月任。　王爾煜浙江會稽人，吏員，順治四年九月任。

朱長春福建莆田人，吏員，順治十年十二月任。　陶履和浙江會稽人，吏員，順治十六年正月任。

周啓雋江南宜興人，進士，康熙三年二月任。　謝學達浙江會稽人，吏員，康熙三年十月任。

范汝瓚浙江石門人，拔貢，康熙六年二月任。　李嗣膺山西澤州人，拔貢，康熙九年六月任。

楊宗雒陝西岐山人，拔貢，康熙十一年七月任。　胡開先陝西漢陰人，拔貢，康熙十六年八月任。

婁文明河南通許人，拔貢，康熙十七年十二月任。　王宗本山西保德州人，拔貢，康熙二十二年五月任。

主簿

明

崔永　楊敬

王琛　戴澄

霍文通　朱儼

張鴻　李世節

郭澤　涂億

趙良弼　歸仁

許瑶　李舉
徐漢　及萬言
張鎬　孫鈳
孫似祖　任可賢
朱世賢　徐守仁
郭維楨　王用利
熊僑

國朝

林大溹順治元年任。　汪應荐浙江鄞縣人，吏員，順治二年七月任。

典史

明

郭錡　朱得華
吴興　董斌
鮑瑾　衡世寧
余槐　虞珍
王宁　岑德容
趙繼成　張天壽
嚴宗直　韋世懋
史中誠　張楫
何元俊　余寵

傅爲鹽　張士銘

懋元相　彭國相

劉君璽　田士葵

國朝

孫啓星 河南陝州人，吏員，順治元年五月任。　陳懋德 浙江紹興上虞人，吏員，順治三年八月任。

姜思齊 湖廣人，吏員，順治十年十一月任。　胡鼎臣 浙江人，吏員，順治十一年四月任。

宋應德 浙江寧波鄞縣人，吏員，順治十二年五月任。　劉三才 陝西西安臨潼人，吏員，順治十七年二月任。

施承謙 江南池州青陽人，吏員，康熙元年十一月任。　季仲夏 陝西西安華州人，吏員，康熙六年二月任。

郝鳴鳳 陝西西安富平人，吏員，康熙八年十二月任。　吉文炳 廣西桂林靈川人，吏員，康熙十一年閏七月任。

徐一坤 浙江紹興山陰人，吏員，康熙十三年四月任。　林國楨 浙江紹興山陰人，吏員，康熙十六年六月任。

童引汸 浙江紹興會稽人，吏員，康熙十七年九月任。　張義 湖廣武昌人，吏員，康熙十九年八月任。

葉聲遠 直隸真定人，吏員，康熙二十年四月任。

大興縣屬

國朝

慶豐閘閘官　陳一承 浙江紹興山陰人，吏員，康熙十七年十月任。

張家灣宣課司大使　張世傑 浙江杭州仁和人，吏員，康熙二十一年五月任。

崇文門宣課司副使　魯越 浙江紹興山陰人，吏員，康熙二十三年十二月任。

宛平縣

知縣

明

張致中　尹起莘
賀銀　楊思恭
杜本　王紀
陳讓　高安
狄宗文　楊濬
孫璵　李莊
島璞　周伊
李元芳　翁汝篤
楊松　喬遷
薄世祐　符仕

楊早　周孔徒
王纘宗　胡鳳來
馬攀龍　朱桂芳
李錦製　王誥
李蔭　朱襄
孔祖堯　徐啓東
沈榜　胡從賓
尤際昌　張琨
黃茂　劉日淑
李嗣善　杜冠時

余士麟　解允淑

劉國英　何意

趙善鳴　談國官

張陽純

國朝

楊煇　雲南彌勒州籍，陝西通渭人，選貢，順治元年六月任。

劉澤延　遼東人，貢生，順治三年正月任。　張思明　遼東遼陽中衛人，貢生，順治四年九月任。

藺一元　松山人，貢士，順治九年正月任。　劉成才　遼東人，貢士，順治十三年二月任。

于汝翼　滿洲遼東海州衛人，貢士，順治十三年七月任。

周世禄　遼東廣寧人，貢士，順治十六年十二月任。　周士濬　河南汝寧商城人，貢士，康熙三年十二月任。

楊柱臣　湖廣襄陽棗陽人，貢監，康熙六年十二月任。　劉希孔　陝西西安咸寧人，舉人，康熙九年八月任。

曾大升　福建福州侯官人，舉人，康熙十一年四月任。　趙世顯　遼東遼陽人，廕生，康熙九年十一月任。

王養濂　陝西漢中褒城人，吏員，保舉康熙二十一年十月任。

縣丞

明

曾敏學　王文煥

戴謙　李秀

袁道　馬珍

趙鑑　蕭道

董堂　江大紅

賈冲　靳智
宋鐸　李梅
雍通　吳習
韓受爵　陳布
王仲玠　李安國
王輅　黃子靜
王松　閔道生
姚階　郭邦憲
李洋　李錦
施炫　言瓛
吳正巳　周徽
彭夢祥　高燦
茅煒　吳譜
潘時鍵　董郃
曹從質　沈載庸
張思義　陸炫
李果　盧可久
謝天眷　閻汝乾
程元化　張兆元
黃維中　劉鳳翔

李文盛　吴守中

蔡日强　張　梅

高日章

國朝

涂應元　順天籍湖廣黄州黄岡人，吏員，順治元年九月任。

汪應薦　浙江寧波鄞縣人，例監，順治四年九月任。

章兆蕙　浙江紹興山陰人，吏員，順治十年十二月任。

張大治　陝西西安朝邑人，副榜拔貢，順治十三年十一月任。

張雲孫　江南松江華亭人，進士，康熙二年三月任。

胡象瑗　山東登州寧海人，貢監，康熙十一年三月任。

喬國棟　陝西鳳翔岐山人，拔貢，康熙十二年十二月任。

喻震生　湖廣德安隨州人，歲貢，康熙十六年九月任。

李　煜　山西澤州高平人，副榜拔貢，康熙十八年七月任。

王爾謙　江南蘇州常熟人，恩貢，康熙二十三年四月任。

主簿

明

鍾　英　王　琛

南　釗　陳　瀛

李　琇　許東明

辛存惠　錢　鯉

王維問　來端蒙

劉廷柱　高　燦

陳　沛　周時謙

何天禄　程溱

石維端　李崇廉

盧茂　張與齡

劉諧　傅之墉

楊進

國朝

王爾煜 浙江紹興會稽人，吏員，順治元年十一月任。尋裁。

典吏

明

楊琰　顏虎

宋寵　施文

沙潮　鄭蘢

嚴邦顯　劉應光

翁世賢　何天禄

畢大縉　沙相

季寵　孫士綱

葛廷才　翟可義

孟相　方樂舜

徐應龍　陳二典

郭宗禹

國朝

徐國材 江南池州石埭人，吏員，順治元年八月任。 王應桂 江西南昌人，吏員，順治三年七月任。

武鳳麟 陝西西安華州人，吏員，順治十年十一月任。 陳更新 陝西西安右衛人，吏員，順治十三年九月任。

程瀚 江南徽州績溪人，吏員，順治十八年十月任。 楊維 陝西西安富平人，吏員，康熙五年九月任。

高映星 山東東昌清平人，吏員，康熙九年二月任。 朱一錦 陝西西安富平人，吏員，康熙十一年三月任。

薛仁溶 浙江紹興山陰人，吏員，康熙十三年六月任。 王道和 直隸河間天津衛人，吏員，康熙二十年七月任。

宛平縣屬

國朝

盧溝橋巡檢楊得玉〔注一〕 江南安慶懷寧人，吏員，康熙十九年八月任。

王平口巡檢 許捷 山東東昌夏津人，吏員，康熙十八年十月任。

齊家莊巡檢 陸弘賢 浙江杭州仁和人，吏員，康熙二十三年十一月任。

石港口巡檢 鄭鴻文 浙江杭州錢塘人，吏員，康熙二十年三月任。

良鄉縣

知縣

明

劉文輔 盛恕

胡景讓 王弼

賈褫 張佐

高迪 武志學

車鼐 孟淳

〔注一〕「盧」原本誤作「蘆」。

于沂　趙憲
張完　申良
傅正　謝珊
馬山　王誼
王文季　謝朝陽
辛汝弼　魏倫
吳世美　劉宗哲
雷世榮　毛孔剛
熊瑤　李承恩
劉服膺　杜廷瑄
鄭東　呂哲
樊巍　徐之蒙
習鸞　吳國賓
張崇謙　蔡應陽
朱環　安守魯
王道定　洪一謨
强思　魏之幹
錢鶚　陳熹
傅楷　李廷梧
艾友芝　斗象坤

楊瀚　周洪才
胡宗禮　李汝光
陳藎　王家俊
張士鯤　張堪
黨還醇　石鳳臺
吴宇英　荆祚永
吴鼎　馮李報
覃紹雷　黄家瑞
戴運昌　馬及時

國朝

劉舜濬 貴州人，舉人，順治元年任。　董應魁 遼東人，生員，順治二年任。
徐應召 遼東人，生員，順治三年任。　張士彪 遼東人，生員，順治五年任。
姚隆運 陝西人，舉人，順治十年八月任。　魏象胤 陝西人，舉人。
陳啓哲 江陰人，明經，順治十七年任。　黄廷旦 福建人，舉人，順治十八年任。
屠胤瑗 江南人，明經，康熙三年任。　李熙隆 陝西人，貢生，康熙六年任。
程良器 江西人，進士，康熙九年任。　李慶祖 奉天人，恩蔭，康熙十年任。
李弘業 四川人，進士，康熙十六年任。　黄傑 遼東人，舉人，康熙二十年任。

縣丞

明

吴惟謙　馬驥

李謙　潘重
喬木　孫孜
李龍　怡文升
龔汝禄　宋繼元
楊景松　張時進
程輝　錢科
毛效廉　尉畏民
張滾　張思問
閔習成　李庚化
孫嗣緒

國朝

俞正選 浙江人　廖士鑣 湖廣武昌夏江人，生員，順治六年二月任。
沈有際 浙江紹興山陰人，吏員，順治十年六月任。　黄衮 湖廣人
趙文傑 河南人，拔貢，順治十二年任。　魏崇古 陝西人，貢士。
言嘉誠 浙江人，吏員，康熙五年八月任。　李貞憲 江南人，拔貢。
陳鐘 江南人，貢生，康熙七年二月任。　王宗本 山西人，貢生，康熙十三年任。
陳應召 浙江人，監生，康熙二十二年任。

主簿

明

鄭智　蘇達

王化臯　張應奎
孟思齊　仝魯
董舉　李鵬洲
林大球　張大本
高宗仕　張國俊
何所見　桑紹
徐紳　莊士表
汪達　楊逢春
國朝
吴大受尋裁

典史
明
姚虎　陳永通
薛文明　路永
屈諫　張紹忠
許時思　文棟材
趙勳　王公慶
仝仁　吴梗
魏仁禮　楊尚逵
林遇春　李化鳴

王　弼

國朝

喬　江河南人，吏員，順治元年任。　吴國禎浙江人，吏員，順治三年任。

陳嘉志浙江人，吏員，順治六年任。　程希宗湖廣人，吏員，順治八年任。

王　平浙江人，吏員。　唐文憲浙江紹興蕭山人，吏員，康熙四年十月任。

趙世英河南汝寧西平人，吏員，康熙六年九月任。　王恒武陝西人，吏員，康熙十三年任。

秦國奇浙江人，吏員，康熙二十一年任。

教諭

國朝

盧　烇易州人，歲貢，順治五年任。　唐　琛邯鄲人，歲貢，順治七年任。

韓特杋高陽人，舉人，順治十二年任。　梁　禎灤州人，舉人，順治十四年任。

□　詔直隸永平府灤州人。　張廷獻河間府景州人，歲貢，康熙十七年十一月任。

王有功永平灤州人，歲貢，康熙二十一年五月任。

訓導

國朝

谷起雲直隸河間興濟人，歲貢，順治元年十月任。　靳日煌真定安平人，拔貢，順治五年任。

王　果直隸廣平永年人，歲貢，順治七年十二月任。　郭萬尋直隸河間府景州東光人，歲貢，順治十七年十二月任。

耿所行直隸真定府趙州高邑人，歲貢，康熙四年十月任。　李經世真定無極人，歲貢，康熙十年任。

郝鵬九直隸真定深州人，歲貢，康熙十年十一月任。　孫國璽真定曲陽人，歲貢，康熙二十年六月任。

固節驛驛丞

國朝

殷敬德浙江紹興會稽人，吏員，康熙十六年八月任。

固安縣

知縣

明

李資　劉敬

李鐸　袁應絢

李端　榮瓚

賈貴　朱善

齊魯　稽清

王鳳　程霽

李豪　辛文淵

張鑑　劉湜

張袞　馬録

王宇　孫璁

王雄　趙漢

李松　李玞

漆錦　馬馴

王黼　萬旬

翟登　王民

蘇繼　王喬年
皇甫渙　崔宗堯
錢師周　祝爾耆
王樞　何永慶
李承式　胡價
劉泮　王育仁
馮子履　李宜春
張夢蟾　王鑰
梅國禎　李伯華
常道立　周文謨
官箴　黄和
陳陞　項應譽
孫延長　孫織錦
田生芝　胡其俊
李士元　程宇龍
王陞　王之鼎
劉伸　秦士奇
黃奇遇　羅國士
周南　賈應龍
劉光祚

國朝

劉有漸 湖廣安陸麻城人，吏員。

魏爾康 山東兗州濟寧州人，進士，順治三年任。

朱國治 撫順東寧衛人，貢生，順治四年十一月任。

賈一奇 江西南昌新建人，舉人，順治九年任。

靳丹襄 河南河南盧氏人，舉人，順治十一年任。

齊大岳 陝西延安鄜州人，拔貢，順治十六年任。

張言颺 廣東廣州南海人，舉人，康熙三年任。

張志卓 陝西鳳翔扶風人，進士，康熙六年任。

佟國琦 遼東人，廕生，康熙七年任。

徐奇功 湖廣武昌江夏人，舉人，康熙九年任。

陳祝升 山東萊州平度州濰縣人，舉人，康熙十年八月任。

王錫韓 山西平陽太平人，進士，康熙十三年三月任。

王遵 山西平陽蒲炬人，康熙十七年六月任。

管承基 鑲黄旗筆帖式揀選，康熙二十一年三月任。

李本宸 江西夏昌南城人，例監，康熙二十二年三月任。

武廷适 山西大同人，監生，康熙二十三年六月任。

縣丞

明

王瑛　高仲舉

賈貴　周同軌

王道　張範

康寧　羅綺

趙海　趙鐸

張經　劉璿

叚璽　湯瑜

李選　朱文林

張綸　周鉞

彭鳶 閻以仁
陳誥 樊景明
徐固輿 路天衢
薛文光 趙奭
白以道 曹天相
馮邦相 胡鯤
王問賢 郭謐
于磐 蘇應節
王倫（尋裁）

主簿

明

原勵 樊璋
王鳳 李福
杜桂 王聰
安泰 周相
王慶 莊釗
張起鳳 彭芸
姜璣 尹榮
王廷彦 唐時清
陳節 施忠

張弘業　章甫臣
王盡道　王札
劉樞　孫朝臣
賈繼忠　王好問
郝鐸　曲中準
胡茂桐　周世篆
王紀　熊夢祥
唐之藩　狄文修
陸履新　鄒一桂
孫樑　王業潤

李啓生　周思義
詹啓昌　吴夢麟
童復賢

國朝

汪應薦浙江人，監生，順治元年任。　何應瑞湖廣人，吏員，順治二年任。尋裁。

典史

明

黄聰　曹玘
甘潤　郭騫
任瑞　馮振

史賢　張綸
張唐　劉恩
姜裕　孫弘
黄琢　朱瑤
李經　董奈
葛漢　胡道源
周光棟　林一鳳
曹仲川　林學曾
周安民　朱元善
徐可通　陳誥

李奎光　陳明典
方來宣　李士林
王如璧　朱廷恩
牟經邦　朱學曾
張伯忠　史臣頌
俞伯珠　韓三奇
施大延　金世夔
陳啓軒　劉有漸

國朝

勞志寧浙江人，吏員，順治元年任。　周家助浙江人，吏員，順治九年任。

王毓璘浙江人，吏員，順治十二年任。　范一經浙江人，吏員，順治十七年任。

胡成美浙江人，吏員，康熙六年任。　童銘彝江南人，吏員，康熙十四年任。

王文昱陝西西安三原人，吏員，康熙二十四年任。

教諭

國朝

熊世懿湖廣黃州麻城人，進士，順治元年九月任。　劉第直隸真定獲鹿人，歲貢，順治四年六月任。

田應昇直隸永平昌黎人，舉人，會試副榜，順治九年五月任。

孫逢年直隸真定冀州人，舉人，順治十八年七月任。　尹珍直隸真定靈壽人，拔貢，康熙七年八月任。

王祚明直隸保定慶都人，舉人，會試副榜，康熙十年八月任。

陳又新直隸保安州人，舉人，康熙十八年十二月任。

訓導

王嘉謨直隸河間河間人，恩貢，順治四年六月任。　仇琛器直隸真定井陘人，歲貢，順治八年正月任。

祁正灯直隸保安州人，歲貢，順治十一年七月任。　滕立政直隸真定武邑人，歲貢，順治十八年四月任。

魏嘉孚直隸真定柏鄉人，貢生，康熙十九年十二月任。　楊文燝直隸真定晉州人，歲貢，康熙二十年四月任。

永清縣

知縣

明

盛本初　劉子初

李昇　王振

王居敬　衛厚

史逵　許徤
王佐　趙志學
韓凱　白思齊
李仁　黄質
魯海　許充
吴佐　吴亮
王景曇　喬致和
許冕　張舉
趙景福　張本立
顏宗學　秦璧

樊相　潘汝佐
劉乾　張應奎
馬錫孝　張巘
嚴睿　郭名世
宋悦　陳大綱
何聰　李時用
張玫　張冕
李鷹　周鳳鳴
李世芳　張翰弼
王業　何宏

李循道　王鎮
馮鎰　葛舜臣
胡來縉　臧仲學
李穩　劉希孔
張士奇　田實發
王衍義　徐學曾
陳尚賢　岳九逵
潘大復　戴維藩
郝修平　李懋桂
王嘉績　楊夢熊

胡其俊　郝士燧
常儼　沈懋
耿仰　張堪
王象雲　李鑑
裴章美　余世名
孫養深　張允捷
沈應鴻　高維岱
李棡

國朝

李延 浙江上虞人，貢生，順治元年任。　龐大樸 山西高平人，進士，順治三年任。

程鼎勳 遼東錦州人，貢生，順治五年任。　馬有用 遼東寧遠人，貢生，順治九年任。
丁棟 福建安同人，貢生，順治十三年任。　張有傑 江西臨川人，進士，康熙五年任。
連應鄭 山東樂安人，進士，康熙七年任。　萬一鼒 江南丹徒人，舉人，康熙十二年任。
陳國祝 湖廣武昌江夏人，進士，康熙十九年一月任。

縣丞

明
司憲

主簿

明
王騏　張祥
李鎬　邢英
謝能　柴沅
魏讓　史杲
丁知許　李翯
李應楊　李奠邦
賈世臣　席官
部國

典史

明
周縉　俞鯤

張汝科　樊　敏

陳百善　侯光國

李時正　王世寀

國朝

朱應瑾浙江紹興山陰人，吏員，順治元年六月任。　陳　明浙江新城人，吏員，順治八年十月任。

劉漢鼎陝西西安渭南人，吏員，順治十一年六月任。　馮自都陝西潞安長安人，吏員，順治十七年二月任。

王　貞浙江金華金華人，吏員，康熙三年十二月任。　馬之健陝西西安富平人，吏員，康熙十一年六月任。

王遴賢浙江紹興山陰人，吏員，康熙十三年四月任。　王錫祚浙江紹興會稽人，吏員，康熙十五年十月任。

郎應璧浙江山陰人，吏員，康熙十九年十一月任。

教諭

國朝

孟應熊順德任縣人，恩貢，順治二年六月任。　張我弟順德唐山人，歲貢，順治四年十月任。

張國禎河間南皮人，歲貢，順治八年三月任。　李鳳翔真定寧晋人，歲貢，順治十二年任。

趙　璧河間河間人，歲貢，順治十六年二月任。　王願庶順德邢臺人，歲貢，康熙十六年十一月任。

張之眉河間景州人，歲貢，康熙十七年九月任。　吴　徽保定蠡縣人，歲貢，康熙二十一年七月任。

王端人河間滄州人，歲貢，康熙三十二年閏六月任。

訓導

國朝

劉　俊保定博野人，歲貢，順治四年八月任。　佟希聖遼東寧遠人，歲貢，順治八年八月任。

高履恭廣平威縣人，歲貢，順治十五年十一月任。　賈一董廣平威澤人，歲貢，康熙五年任。

喬騫 宣府懷安衛人，歲貢，康熙十四年正月任。　王建邦 廣平威縣人，康熙二十二年閏六月任。

東安縣

知縣

明

侯文秀　王友信

王觀　岳鎮

秦士弘　鄧侯

李驥　李茂

王睿　馮珍

于璧　程資

鄭興　朱華

景佐　郭淳

蔣昇　張堯

郭登　杜泰

彭偉　周義

武魁　傅相

張雲　胡淪

韓襄　張鉞

胡汝輔　劉繼先

趙廷琦　汪崇之

成印　秦璿
劉恩　楊縉
文邦彦　白鶴
江一定　姚守中
陶棟　王宗堯
劉祜　王邦直
李錦製　洪一謨
張承禮　韓景閔
張汝藴　阮宗道
王光祖　劉世武

馮沂　孫緒
王朔　謝賜帶
田子耕　徐偉
曾日唯　李希召
鄭崇岳　段必選
戴之二　張爕
陸燧　陳所養
段銓　鄭之城
丘民仰　歐陽保
盧躍龍　趙海

李之藩　歐陽一遇

何達海　黄奇遇

鄭以誠　王佩弦

李之用　趙世亮

國朝

鄭以誠陝西張掖人，選貢，順治元年任。　劉應坤遼東人，貢士，順治二年任。

王鼎胤山東淄川人，進士，順治三年任。　王晉山東掖縣人，進士，順治四年任。

夏時昌滿洲人，生員，順治五年任。　塗應旂遼寧鐵嶺人，選貢士，順治六年任。

宗良弼河南濼澤人，進士，順治九年任。　樊芳春陝西涇陽人，舉人，順治十一年任。

蘇兆元福建福寧人，舉人，順治十三年任。　王業隆陝西人，歲貢士，順治十八年任。

李長煒江南高郵人，恩貢士，康熙八年任。　丁爾發浙江義烏人，舉人，康熙九年任。

王士美江西金谿人，舉人，康熙十年任。　侯應封寧遠人，舉人，康熙十二年任。

李大章江南丹徒人，舉人，康熙十二年任。　吳兆龍江南常州宜興人，舉人，教習，康熙二十年七月任。

縣丞

明

嚴傑　何瑛

楊英　葉本盛

包鍾　張鏜

包汴　李永昌

李文　羅節

徐一勤　李時雍

高巍　原宗浙

張東銘　張鴻漸

史策　郭魯

嚴應爵　徐雲翔

江一定　趙希儒尋裁

主簿

明

華得芳　李鐸

辛諒　何瑛

薛志　張翔

馬安　丑華

靳銘　李彥達

豹振　周鳳翔

楊儼　原宗禄

劉輝　宋璉

楊東山　麥振

姜潤　劉文

徐問　宋宗倫

馮連　孫學禮

張淪　張文
蔡仁　郝成
于塘　張表
武官　徐潤
顏孔耀　張大中
董儒　鄭祁
關洛　段尹光
東頤壽　喬文太
郭杲尋裁

典史

明

厲昌盛　潘茂
甯英　趙賢
宋儒　席鳳
汪鴻　盛明
胡福玘　馬玹
范大爵　夏九皋
何貢　孫榮
李濟　袁漢
金麟　張緒

賈世安 何鳳
陳諫 許節
石瓊 葉應詔
徐廷節 祈天相
魯廷貫 張默
劉良臣 張諄
江起龍 汪必達
彭廷官 苗家棟
狄用禮 常應時
陳三策 陳三豪
杜其燓 路自純
吉庚 柴希貢
許之蛟 刁昭漢
張鳳化 吴從仁

國朝

陶弘才 言大學浙江紹興山陰人，吏員，順治六年二月任。
顧相浙江紹興山陰人，吏員，順治十二年十二月任。 王敩湖廣荆州江陵人，吏員，順治十五年任。
徐中暢青陽人，順治十六年任。 葉邦治浙江金華義烏人，吏員，康熙元年五月任。
袁希麟陝西西安富平人，吏員，康熙九年六月任。 徐同浙江會稽人，吏員，康熙十二年六月任。
邵觀浙江寧波鄞縣人，吏員，康熙十四年任。 章國英浙江紹興會稽人，吏員，康熙十九年十二月任。

教諭

國朝

馮熙朝真定人，歲貢，順治三年任。　潘鵬程直隸承平灤州人，歲貢，順治六年任。

頡　光直隸保定清苑人，舉人，順治六年七月任。　王夢明保定安肅人，歲貢，順治十七年二月任。

郭　燝保定清苑人，拔貢，康熙十六年十二月任。

訓導

國朝

孟陳王永平灤州人，歲貢士，順治四年十月任。　傅爾鈐真定衡人，歲貢士，順治十二年十一月任。

劉映斗真定定州人，歲貢士，順治十四年十月任。　石光嶽永平昌黎人，歲貢士，康熙四年十月任。

邢師孔新河人，歲貢士，康熙十年任。　馬元調順德任縣人，歲貢士，康熙十年十二月任。

傅鳳翔真定新河人，歲貢，康熙二十一年七月任。

